La vie n'est faite que de questions.

À Léa, Paolo et Fernando, ma famille qui m'a soutenu.

À Pascal Gaboriaud, Olivier Guerin, Thu Huc, Maëva Pommarède et Brigitte Riquet-David.

Édition : BoD – Books on Demand,
12/14 rond-point des Champs-Élysées,
75008 Paris
Impression : BoD - Books on Demand,
Norderstedt, Allemagne
ISBN : 9782322268580
Dépôt légal : Juin 2021

Chacun d'entre nous s'est posé des questions tout au long de sa vie pour prendre une décision, un choix, un chemin.

Nous avons également essayé du mieux que l'on peut d'aider un(e) ami(e), un membre de sa famille en lui prodiguant des conseils, en lui apportant de l'écoute.

Mais sont-ils réellement des conseils ? Sont-ils neutres? Les réponses nous apportent–elles satisfaction et savons-nous y répondre? Ces questions sont-elles utiles pour notre parcours?

L'être humain possède une capacité à penser, réfléchir, douter et donc se questionner.

Penser fait partie de nos besoins. Se poser des questions sur le sens de l'existence, la vie, la mort, tout le monde l'a fait.
Chercher une réponse, douter, est notre

quotidien de tous les jours. À quoi tout cela peut-il bien servir?

La pensée n'est pas une chose affectée à une tâche précise. Elle fait partie de nous.

Conseils, avis et jugements.

.

Nos pensées sont remplies de questions, nous arrivons parfois à y répondre seul mais quelques fois nous avons besoin de l'aide d'un proche pour nous éclairer, alors nous leurs demandons conseils.

Mais qu'est-ce qu'un conseil? Comment les donner?

Lorsqu'une personne ne va pas bien, qu'elle a un souci, de suite nous lui demandons:

«Que se passe-t-il? Raconte, je peux peut-être t'aider?»

Certaines personnes n'hésitent pas à parler pour se libérer, d'autres moins, par timidité ou par peur d'être jugé.

Nous l'avons tous fait, juger une personne, une situation. Avons-nous le droit?

Juger, nous donne-t-il une supériorité? Une connaissance certaine du sujet? Où ne s'agit-il pas de vouloir contrôler la personne ou son problème parce que nous-même avons un souci?

Lorsque l'on dit à son enfant:

«Tu as choisi les mauvaises études, je ne veux pas que tu es une relation avec cet homme/cette femme, il/elle n'est pas bien pour toi.»

Certaines personnes vont me dire:

«Non, je ne fais que protéger mon enfant afin qu'il réussisse sa vie, je l'oriente.»

Et comment savez-vous que votre enfant prend le mauvais chemin dans ses études? Que la relation avec ce garçon/cette fille est toxique.

Vous êtes-vous posé la question? Et pourquoi jugez-vous au lieu d'essayer de comprendre ou d'assouplir vos paroles?

Au lieu de voir votre avalanche de jugements comme une perception que vous mettez sur des situations, vous le voyez comme votre vérité.

Pensez à la fréquence à laquelle cela se produit lorsque vous jugez un proche. Vous ne réalisez pas que de surcroit vous n'êtes pas le seul juge. Donc, lorsque vous dîtes:
«Je n'aime pas le compagnon de ma fille/mon fils, ce n'est pas quelqu'un pour lui/elle» au fond de vous c'est peut-être:
« Je n'approuve pas cette relation » mais la fille ou le garçon peut être sensiblement quelqu'un de bien.
Ces expressions expriment le même sentiment mais cela a un impact sur la conversation et votre jugement, que finalement vous faîtes sur vous-même.

Quelque soit la situation, en jugeant votre proche, votre enfant, pour ce qu'elle a fait ou dit, il ne vous sera pas possible de l'aider car juger est une prise de position. Vous pourriez y faire une mauvaise évaluation de la situation et avoir des regrets. Il faut essayer de comprendre les circonstances en écoutant votre proche si on veut pouvoir lui apporter notre aide.

Notre attention pour aider notre proche à se sentir mieux est de lui prodiguer des conseils.

Mais savons-nous les lui donner?

Prenons un exemple:

Un père de famille gagne une somme d'argent importante, son fils vient d'avoir son permis, il est jeune conducteur avec un permis probatoire. Ce père souhaite acheter une voiture sportive à son fils.

Quels conseils lui apporteriez-vous?

Notre première impression et celle qui nous vient à l'esprit:

-«Mais tu es fou, irresponsable. On n'achète pas une voiture sportive à un jeune conducteur.»

Vous jugez l'homme et non la situation et malheureusement, vous rabaissez votre proche en lui témoignant qu'il est incapable de réfléchir et de prendre de bonnes décisions mais il faut savoir s'abstenir car il n'y a rien de positif.

Certains vont dire:

-«Moi, je préfère être honnête, franc, que de ne rien dire ou de lui mentir.»

Mais on ne vous demande pas de mentir. On vous demande de l'aide, un éclaircissement et ce n'est pas par le jugement que cette personne trouvera des réponses.

Vous avez le droit d'être en désaccord, vous avez le droit d'être révolté mais si vous ne souhaitez pas que votre proche se braque, ne serait-il pas mieux de comprendre pourquoi il agit ainsi en lui posant des questions tout en restant honnête.

Pour cela, la plupart des personnes ne vont pas donner des conseils mais leur avis. C'est bien là toute l'importance.

Savons-nous faire la différence entre conseils et avis ?

La majorité répliquerait à ce proche:

-«Ce serait moi, je ne l'achèterai pas, tu fais une belle ânerie. Mon fils, il se débrouillera à acheter son véhicule ou alors, je l'aiderai mais je lui achèterai une poubelle pour qu'il puisse la cabosser devant et derrière !!!!!»

Là encore, vous ne le conseillez pas, vous lui apportez votre avis car visiblement, vous savez quoi faire parce que vous avez la réponse et que vous feriez mieux que lui.

D'où l'importance entre avis, conseils et jugements.

Un jugement c'est rabaisser une personne, alors pourquoi vous administrer autant d'importance à le faire ?

Un avis c'est ce que vous feriez à la place de la personne.

Si cette personne vous énonce son problème c'est qu'elle-même n'arrive pas à comprendre et à savoir ce qu'elle doit faire. Elle-même se pose des questions mais c'est à elle-même de trouver les réponses.

Comment y remédier? En apportant vos conseils.

Comment? En lui posant des questions pour que votre proche trouve ses réponses seul.

Cela repose sur la maîtrise de ses émotions et prendre le temps de réfléchir à ses arguments et, toujours opter pour des formulations subjectives.

Que pourrions-nous soulever comme question?

«Pourquoi veux-tu lui acheter cette voiture?»

«Penses-tu qu'il ait besoin d'une voiture sportive maintenant?»

«As-tu réfléchit aux éventuelles conséquences? (puissance de la voiture, manque d'expérience, le tarif de l'assurance......)»

Cela donne à votre proche la possibilité de répondre lui-même à ses questions et de se dire:

«Peut-être que..........», «Finalement............»

Se serait également en toute liberté qu'il ferait son choix.

Néanmoins, il est important que sur des sujets où l'on se sent concerné comme «élire un Président de la République» d'avoir un avis sur le sujet, sinon vous pourriez avoir l'impression d'être trop influençable et de ne pas être capable d'avoir un avis personnel.

Prenons un proche qui rencontre une fille ou un garçon de 20 ans de moins qu'elle ou lui:

Ce proche vous demande:

«Alors, que penses-tu de ma nouvelle compagne ou nouveau compagnon?»

Certains vont répondre:

-«Ecoute, il ou elle est trop jeune, ça ne va pas, ça pourrait être ton fils ou ta fille.»

C'est un jugement, vous rabaissez encore votre proche en ne respectant pas le choix qu'il a fait mais surtout il ne vous a rien demandé concernant l'âge de cette personne mais sur la personnalité de sa nouvelle conquête.

Lorsqu'on juge, cela nous en dit davantage sur nous-même. Nous jugeons les actions immorales si nous sommes tentés de les commettre.

Demandez-vous réellement ce qui vous pose souci.

D'autres vont rétorquer:

-«Ton copain/ta copine est sympa mais il/elle est toujours fatigué(e), pas poli(e), caractérielle, ce n'est pas un homme/une femme pour toi, je ne te vois pas avec. Je serai toi, je réfléchirai bien car il/elle ne te correspond pas, je le/la quitterai ou je prendrai mes distances.»

Ce n'est pas un conseil, mais un avis et on ne peut pas dire à un proche ce que vous vous feriez si vous étiez à sa place.

Dans la situation précédente, vous pourriez demander:

-«Qu'est-ce-qui t'as attiré chez elle ou chez lui?»

-«Que ressens-tu à ce moment précis pour elle ou lui?»

-«Qu'est-ce-qui te déranges chez elle ou chez lui pour que tu puisses douter?»

(Nous reviendrons lors du prochain chapitre sur le doute).

Là encore, votre proche sera répondre à ces questions:

«J'aime bien son sourire, son humour……..» ou «je n'aime pas son caractère bien trempé, son côté autoritaire, j'ai peur que………»

«J'aime bien être en sa présence» ou «Si je ne suis pas avec elle, elle ne me manque pas.»

Cela permet à votre proche de prendre conscience du positif et du négatif et de savoir réellement ce dont il a besoin, ce qu'il veut et ce qu'il ne veut pas.

En lui déclarant: «ce n'est pas une femme ou un homme pour toi», vous pouvez influencer votre proche dans sa prise de décision. Cette personne a toute confiance en vous et s'il est venu vers vous, c'est qu'il est convaincu que vous pourriez l'éclairer et éclairer ne veut pas dire pour autant donner la réponse car l'avez-vous vraiment?

Imaginez que de par votre phrase: «Ce n'est pas une femme ou un homme pour toi», votre proche vous écoute en se séparant de cette personne.

Posez-vous la question après: «Et si finalement c'était la bonne personne?» Ne l'aurai-je pas influencé dans mes propos?

Ce n'est pas parce que cette personne ne vous correspond pas, qu'elle ne correspond pas à votre proche ou que vous-même seriez tenté de faire pareil, que vous devez le limoger de cette relation.

D'une part parce que vous-même, vous ne savez pas si elle correspond ou pas à ses attentes et de l'autre, vous vous risquez à des reproches si votre ami suit votre avis et considère qu'il n'était pas bon.

Si votre ami applique votre avis et que le résultat obtenu lui revient négatif, il se dédouanera et vous dira :

« C'est de ta faute !!!!!! »

Votre ami ne possèdera pas assez de confiance en lui pour prendre ses propres responsabilités.

Certes, les situations conflictuelles peuvent être intéressantes, car elles nous permettent de se découvrir, de révéler nos pensées, et celui de l'autre.

Est-ce bien nécessaire d'en arriver jusqu'ici ?

Profitez des défauts et des qualités de chacun pour essayer de comprendre ce dérapage.

Plus on explique à nos amis ce qu'ils doivent faire, plus on veut se rassurer nous-même et se convaincre que l'on donne les bons choix, le bon avis et que notre manière de penser est la meilleure.

Sachez également que certains de vos amis chercheront simplement une forme de reconnaissance, de réconfort à la difficulté qu'il traverse.

Un ami qui vous pose une question peut attendre de vous que vous lui répondiez: «oui, tu as raison », «oui tu as bien fais »

C'est une sorte d'égoïsme, de manque de respect parce qu'il veut que vous pensiez comme lui.

Il est vrai que certaines personnes peuvent nous aider à nous construire, à donner la meilleure version de nous-même mais il ne faut pas oublier que la pensée entre deux personnes n'est pas la même.

Un ami vient chercher un peu de vous pour créer sa propre solution. Réfléchissez à deux reprises lorsque l'on vous demande un conseil.

Il est important de déterminer conseils et avis.

Il a toujours été prétendu, qu'on ne répondait pas à une question par une question mais parfois oui.

Les conseils sont avant tout de poser des questions à son proche qui lui-même se questionne et manque de réponses. Vous lui rendrez beaucoup plus service en lui posant des questions qu'en lui disant ce que vous feriez à sa place.

N'oublions pas les jaloux.

La jalousie n'est pas formaliser à l'amour, elle l'est aussi pour un bien commun pour lequel on s'intéresse. Vous pouvez demander à un ami, un avis:

«Que ferais-tu à ma place?» car vous êtes certain de ne pas avoir la réponse alors même que vous l'avez, vous êtes simplement déstabilisé, perturbé et cela vous empêche d'y voir clair.

***Prenons un exemple**:*

Votre rêve est d'acheter un véhicule neuf et pas n'importe lequel.

Vous vous demandez:

«J'ai les moyens d'acheter ce véhicule neuf mais je ne sais pas si je fais bien ou pas?»

Votre proche vous adore, mais lui aussi aimerait acheter ce véhicule neuf dernier cri avec toutes les options, mais n'en a pas les moyens financier.

Il peut vous dire:

«Elle est belle mais moi à ta place, je ne l'achèterai pas, elle parait petite, le design n'est pas si classe que ça, on n'est pas si bien installé dedans, tu voulais mon avis, tu l'as, fais ce que tu veux mais je pense que tu ferais une bêtise.»

Attention à ce genre de phrase, vous pouvez passer à côté de votre rêve juste par la jalousie de votre proche.

Ce n'est pas forcement de la méchanceté, c'est simplement qu'il ne sait pas vous dire combien lui aussi est envieux et acheter ce véhicule n'est qu'une étape que vous franchissez avant lui.

Votre proche garde ce désir profond de possession, il ne pourra se résigner à vous transmettre un avis constructif.

Comment faire cette différence? Il dénigrera le bien sans pour autant le mépriser.

Car si un jour c'est lui qui a les moyens financier, il l'achètera peut-être et expliquera que finalement il l'a testé de nouveau et qu'elle n'est pas si mal que ça.

Les doutes, les remords et les regrets.

Chacun de nous à douter dans sa vie pour prendre des décisions.

«J'y vais, j'y vais pas?»

Sachez que le doute fait avancer !!!!!!!!!!!!

Quelques soit la décision que vous prendrez, c'était votre choix et c'était forcément celle-ci que vous deviez prendre.

Le doute, c'est encore une fois de plus une question que l'on se pose. Savons-nous y répondre et comment savoir?

Là encore posez-vous les bonnes questions.

Prenons un exemple *:*

Un employeur vous appelle pour vous faire signer un contrat de travail. Vous doutez, je signe ou je ne signe pas?

Si vous doutez c'est qu'une chose vous dérange, un grain peut être, ça peut être le salaire, l'entreprise, les horaires???

Encore une fois posez-vous les bonnes questions, on peut imaginer que vous tiquez sur le salaire.

«Dois-je refuser? Car ce n'est pas le salaire que j'attendais, je vaux plus que cela, j'ai des compétences et mon savoir-faire n'est pas reconnu.»

«Dois-je accepter? Car financièrement, j'ai une famille à nourrir, des factures……et enfin !!! On me propose un travail.»

Vous trouverez la réponse au plus profond de vous, pas par l'aide d'un ami ou autre.

Lorsque l'on doute, c'est qu'une impression, un pressentiment nous envahie sur un choix déjà établie.

Prenons un exemple:

Vous avez choisi d'acheter un véhicule, votre choix est fait mais vous doutez sur la couleur, rouge ou blanc?

Vous pourriez vous dire mais je peux demander conseil à un proche?

Encore une fois, vous vous risquez à ce que l'on vous réponde:

«Le rouge, c'est éclatant!!!! Pas le blanc c'est salissant!!!!!!»

Vous n'aurez pas un conseil mais un avis. Votre proche vous dira la couleur qu'il aurait choisi s'il avait acheté ce véhicule. Et peut-être qu'il vous influencera.

Vous devriez entendre: «Quelle couleur préfères-tu? Tu étais parti sur quelle couleur au départ? Tu avais une idée?»

Encore des questions, certes, mais qui vous permettrez de trouver la réponse que vous avez déjà au plus profond de vous car vous la connaissez, il faut juste vous écouter.

Il ne s'agit là que d'un manque de confiance, de peur, la peur d'un changement, de ne pas être capable, de se tromper.

Alors vient cette question:

Est-ce-que je préfère vivre avec des remords qu'avec des regrets?

Reprenons l'exemple du contrat de travail :

Si vous refusez ce contrat de travail, vous vous poserez constamment la question:

«Et si j'avais accepté……… Aujourd'hui peut être que……….» Et à cette question, vous n'obtiendrez jamais de réponses. Le regret vous rongera.*

Alors que si vous acceptez, il est possible que vous vous trompiez mais vous vous direz:

«Si j'avais su, je n'aurais pas dû………» Le remord vous rongera certes, vous regretterez d'avoir osez mais se tromper est plutôt bénéficial, si on en prend conscience. Cela nous conforte sur le chemin à choisir et à suivre.*

Que vous soyez la personne qui apporte le conseil ou celui qui cherche une réponse, le questionnement permet de comprendre le sens profond du besoin exprimé et de libérer la pensée en favorisant votre évolution.

Le remord ou le regret est un sentiment de culpabilité et la culpabilité est indispensable au bon fonctionnement de notre conscience morale. Les personnes qui ne culpabilisent pas sont dangereuses, car elles peuvent faire beaucoup de mal sans scrupule.

Passer par de la culpabilité s'avère naturel et salutaire mais la porter en permanence devient un sentiment encombrant.

Le questionnement

Notre vie est remplie de questions depuis notre plus jeune âge.

Je me rappelle de ma première question et vous?

J'avais 2 ans, cela m'a marqué car on m'avait mise dans un camion et ma mère m'avait dit: «Regarde par la fenêtre et dis au revoir.»

Ma question était simple: «On va où?»

Et depuis ma vie n'a été faîte que de questions que je me suis posée et que l'on m'a posé.

Un conseil, s'il est bien donné, on vous questionnera et vous obtiendrez des réponses, seul.

Les questions que l'on se pose durant l'enfance:

Vais-je réussir mon contrôle de mathématique? Vais-je avoir mon bac? Est-

ce-que je peux aller à l'anniversaire d'une copine? Pourquoi mes parents divorcent?

<u>A l'inverse l'entourage demandait</u>:

- Ma maîtresse: «Que veux-tu faire comme métier plus tard?»

«As-tu appris ta leçon?»

- Mes parents: «Tu veux faire quoi comme activité extra-scolaire? Tu veux manger quoi ce soir?»

Avons-nous répondu à ses questions?

A ceux qui ont répondu je deviendrai pompier, policier, maîtresse d'école, l'êtes-vous devenu?

A ceux qui ont répondu, je voudrai faire du judo, de la musique, du foot, l'avez-vous fait?

Vos réponses vous ont elles amenées sur le chemin que vous souhaitiez?

Lorsque nous sommes adultes, nous nous disons:

Est-ce que je vais trouver du travail? Est-ce que ma grossesse va bien se passer? Est-ce une fille ou un garçon? Quel prénom vais-je donner à mon enfant? Est-ce que ma femme ou mon mari m'aime encore? Mon enfant va-t-il réussir son bac?

Mais la question principale que tout le monde s'est déjà posé:

Vais-je réussir ma vie?

Et ce questionnement commence dès l'enfance.

Nous construisons notre chemin de vie au fur et à mesure des années. Est-il lié aux questions que nous nous sommes posés depuis l'enfance? Et aux réponses que nous en avons obtenues? Où notre chemin de vie est-il déjà écrit ainsi? Peu importe les réponses.

«Quand j'étais petit(e), j'ai répondu à ma maîtresse que je deviendrai pompier et je le suis devenu. J'ai répondu à mon père que voulais faire du foot et j'en ai fait».

<u>*A l'inverse*</u>*:*

Quand j'étais enfant, j'ai répondu à ma maîtresse d'école que je deviendrai médecin et finalement je suis vendeuse.

Qu'est-ce-qui a fait que la réponse obtenue durant votre enfance n'est pas suivi le chemin d'aujourd'hui?

Mauvais conseils? Influence? Jugement? Un chemin sans questions existentielles ? Ou bien d'autres questions sont venues dans vos pensées au fil des années et les réponses que vous avez obtenues vous ont fait changer de chemin?

Maintenant nous pouvons nous poser les questions:

Pouvons-nous, nous contenter d'une vie sans questionnement?

Certaines personnes s'en arrangent, elles se posent des questions banales, non essentielles pour donner un sens à leur vie. Celles-ci restent dans l'ignorance.

Elles narrent qu'il est nécessaire de se questionner mais il est évident que ce questionnement dont elles font allusion est futile.

Ces personnes se posent des questions de la vie quotidienne mais sans but déterminé. En ne se posant pas de questions existentielles ou essentielles, elles foncent sans se soucier jusqu'à causer du tort ou blesser une personne.

Elles finissent par se poser la question :

Qu'ai-je dis de mal ou fait de mal?

Se remettent-elles en question?

Pour se remettre en question, il faut un minimum de culpabilité et derrière la remise en question et la culpabilité se cachent des valeurs que nos parents nous ont inculquées: le respect, l'empathie et la responsabilité.

Le questionnement nécessite d'accepter certaines réponses pouvant provoquer des désenchantements.

Certaines personnes ne répondront donc pas à leur propre questions, elles adopteront un comportement de « victime » et rejetterons la faute sur les autres. C'est un manque de caractère et de personnalité, elles ne réaliseront pas qu'elles ont besoin d'évoluer.

D'autres auront besoin de répondre à cette question et de changer d'avis, d'en déduire que la cohérence de leur pensée n'était pas dans leur raisonnement.

Se remettre en question, c'est accepter que l'on puisse commettre des erreurs de pensées, *de jugements et pour cela, il faut commencer par se poser des questions. Ce qui peut être très difficile pour ces personnes.*

Pourtant,   Le   pourquoi ?   Permet   de remonter à la source d'un problème, c'est le seul moyen d'améliorer notre connaissance de soi, d'adapter notre comportement et de progresser dans notre vie.

Est-ce-que notre vie n'est que le chemin de nos réponses?

Les réponses que nous avons obtenues ne sont-elles pas le chemin déjà parcouru dans notre vie? Et les questions à venir, à nous montrer le reste du chemin à parcourir?

Je vous laisse le soin d'y répondre.

.